BEI GRIN MACHT SICH IHR WISSEN BEZAHLT

- Wir veröffentlichen Ihre Hausarbeit,
  Bachelor- und Masterarbeit

- Ihr eigenes eBook und Buch -
  weltweit in allen wichtigen Shops

- Verdienen Sie an jedem Verkauf

Jetzt bei www.GRIN.com hochladen und kostenlos publizieren

Samsung Power Sleep. Allokation ungenutzter Ressourcen für die Wissenschaft

Josef Wiedenhofer

Bibliografische Information der Deutschen Nationalbibliothek:

Die Deutsche Nationalbibliothek verzeichnet diese Publikation in der Deutschen Nationalbibliografie; detaillierte bibliografische Daten sind im Internet über http://dnb.d-nb.de abrufbar.

ISBN: 9783389025932
Dieses Buch ist auch als E-Book erhältlich.

Das Buch bei GRIN: https://www.grin.com/document/1458890

Samsung Power Sleep – Allokation ungenutzter Ressourcen für die Wissenschaft

Bachelorseminararbeit SS 2014

von Josef WIEDENHOFER, 0725615
Wien, Juni 2014

Zusammenfassung

In wissenschaftlichen Bereichen, deren Forschungsgebiet auf der Berechnung einer immensen Anzahl von komplexen Datensätzen beruht, hat man in der Vergangenheit ausschließlich auf energiehungrige Großrechnersysteme gesetzt. Seit einigen Jahren erfolgt diesbezüglich ein Umdenken und es wird vermehrt versucht diese Rechenprozesse kostengünstig auf Kleincomputer aufzuteilen, die in den meisten Verwendungsfällen ohnehin nicht oder nur zum Teil ausgelastet sind. Diese Arbeit beschäftigt sich im Speziellen mit dem Projekt „Samsung Power Sleep", einer Applikation, die ungenutzte Rechenleistung von Smartphones und Tablet-PCs für wissenschaftliche Zwecke bereitstellen soll. Im ersten Teil der Arbeit erfolgt eine theoretische Einleitung, die den Einstieg in die Materie erleichtert. Im weiteren Verlauf wird durch ein Experteninterview sowie anhand der Interpretation einer Online Umfrage die Forschungsfrage geklärt, wie hoch der tatsächliche Nutzen einer solchen Applikation in der Realität ist und wie das Interesse an diesem Projekt mitzuwirken, noch gesteigert werden könnte.

Schlagworte: verteiltes Rechnen, SIMAP, BOINC, Power Sleep

Summary

In scientific fields whose area of research is based on complex calculations on an immense number of data sets, people used to rely on large super computer systems to accomplish this task. Over the last few years however, a new idea emerged to distribute these kinds of calculations to smaller devices, which – in most cases – have a lot of unused operating resources anyway. This thesis particularly focuses on a project named "Samsung Power Sleep" – an application, which allows smartphones and tablet devices to allocate their unused resources to scientific purposes. The first part of this report is a theoretical introduction, which attempts to impart a basic knowledge of the subject. On the basis of an expert interview as well as an interpretation of an online survey, I'll then attempt to identify the actual benefit of such an application and methods to encourage smartphone and/or tablet owners to participate in this project.

Key Words: Distributed Computing, SIMAP, BOINC, Power Sleep

Inhaltsverzeichnis

1. Einführung und Vorstellung des Projektes

Beim Konzept Samsung Power Sleep handelt es sich um ein Kooperationsprojekt vom Elektronikkonzern Samsung und der Universität Wien, genauer gesagt Samsung Electronics Austria und der Fakultät für Lebenswissenschaften vertreten durch Univ.-Prof. Dr. Thomas Rattei, Professor für Bioinformatik. Es geht hierbei um ein nationales Projekt, das durch Samsung aktiv im gesamten Bundesgebiet Österreich beworben wird. Bei dem Projekt handelt es sich im Grunde um eine Applikation (im weiteren App) für Smartphones und Tablet-PCs, die dafür entwickelt wurde, ungenutzte Ressourcen in Form von Prozessorleistung für wissenschaftliche Forschungszwecke zur Verfügung zu stellen. Projektstart war am 15.02.2014 und seit diesem Zeitpunkt steht die App zum kostenlosen Download im Samsung App Store oder Google Play Store zur Verfügung. Die, durch die App generierten Ressourcen werden vor allem für die Grundlagenforschung zur Entschlüsselung von Proteinsequenzen verwendet.

Gerade für diesen Forschungsbereich ist es notwendig die Beschaffenheit menschlicher Proteine zu analysieren, Eiweißsequenzen miteinander zu vergleichen und in großen Datenbanken zu sammeln, um Krankheiten wie Alzheimer und Krebs „verstehen" zu lernen und in weiterer Folge geeignete Mittel zur Bekämpfung zu finden. Dafür ist eine ungemein hohe Anzahl von Berechnungen mittels komplexer Algorithmen nötig, die bis vor wenigen Jahren ausschließlich von riesigen Supercomputern durchgeführt wurden. Die Probleme an diesen Hightech Anlagen sind nicht nur die enorm hohen Baukosten im dreistelligen Millionenbereich, sondern auch der kostenintensive Betrieb dieser energiehungrigen Computerfarmen. Die derzeit größte Recheneinheit dieser Art arbeitet bei Volllast mit einer Leistungsaufnahme von 17,8 Megawatt (MW).

Die größten Reglementierungen um adäquate Forschungsarbeit zu leisten, stellen aber die zur Verfügung stehenden finanziellen Mittel dar. Deshalb setzt sich schon seit mehreren Jahren die Idee durch, statt auf Großrechner auf kleinere Rechnereinheiten zurückzugreifen, die weltweit millionenfach vorhanden sind und im Sinne ihres Verwendungszweckes größtenteils sehr wenig oder nur teilweise ausgelastet sind. Die ersten Projekte dieser Art werden im weiteren Verlauf dieser Arbeit noch vorgestellt, und können als grundlegende Vorläufer, der hier behandelten App bezeichnet werden.

2. THEORETISCHE GRUNDLAGEN

Eines der ersten Vorläuferprojekte von Samsung Power Sleep war das Distributed Computing (engl. für: verteiltes Rechnen) Projekt Search for Extra-Terrestrial Intelligence at home (SETI@home) der Universität Berkeley (San Francisco, USA) im Jahre 1999. Dieses Projekt befasste sich mit der Suche nach außerirdischem, intelligentem Leben und stellte zum ersten Mal die Einsatzfähigkeit von verteilten Netzwerken und Rechnern unter Beweis.

Auf Basis der gewonnenen Erfahrungen und des allgemeinen Zuspruchs des SETI@home Projekts wurde anschließend ebenfalls von der Universität Berkeley die Plattform BOINC – Berkeley Open Infrastructure for Network Computing entwickelt. Per kostenlosen Software Download war es erstmals für jeden Internet User weltweit möglich seine ungenutzten Systemressourcen für wissenschaftliche Forschungszwecke zur Verfügung zu stellen.

„Mit BOINC können hochskalierbare, komplexe und rechenintensive Probleme im Sinne des Public Resource Computing (PRC) Prinzips gelöst werden." (RIES, 2012).

Durch dieses Netzwerk an Computern, an dem sich jedermann[1] freiwillig beteiligen kann, war es erstmals möglich relativ kostengünstig komplizierte und vor allem langwierige Rechenprozesse in Gang zu setzen, wie zum Beispiel klimatologische Phänomene zu simulieren oder ein 3D-Modell der Milchstraße zu erstellen, was nach derzeitigem Stand der Technik noch einige Jahrzehnte in Anspruch nehmen wird. Auf der Website https://boinc.berkeley.edu/ werden tagesaktuelle Statistiken präsentiert wie viele User sich derzeit weltweit an diversen Forschungsprojekten beteiligen und ihre Ressourcen spenden. Zurzeit sind dies im Schnitt rund 650.000 Computer täglich mit einer durchschnittlichen Rechenleistung von 9 PetaFLOPS (FLOPS = Floating Point Operations per Second d.h. Gleitkommaoperationen pro Sekunde). Berechnung der Leistung: GFLOPS = (CPU-Takt in GHz) × (Anzahl der CPU-Kerne) × (CPU-Instruktionen pro Takt) × (Anzahl der CPU im Rechenknoten).

Wie groß diese enorme gebündelte Kraft an ungenutzten Prozessorressourcen ist, lässt sich aus Abbildung 1 ablesen. Zum Vergleich wurden der derzeit größte Supercomputer Tianhe-2 mit einer Spitzenleistung von 33,862 TeraFlops und ein handelsüblicher PC aus dem HighEnd Segment (Intel Core i7) mit einer Leistung von 51,2 GigaFLOPS herangezogen. Die Leistungsangaben wurden auf gleiche Einheiten gebracht, wobei zu beachten ist, dass aufgrund der gewaltigen Unterschiede an Rechenleistung eine Logarithmische Skalierung zur

---

[1]   Sämtliche geschlechtsspezifischen Ausdrücke dieser Arbeit sind beider geschlechtlich zu verstehen. Zu Gunsten der einfacheren Lesbarkeit wird sowohl für die männliche als auch die weibliche Form, die männliche Form verwendet.

Basis 10 gewählt werden musste, um die Daten in einem einzigen Diagramm grafisch darstellbar zu machen.

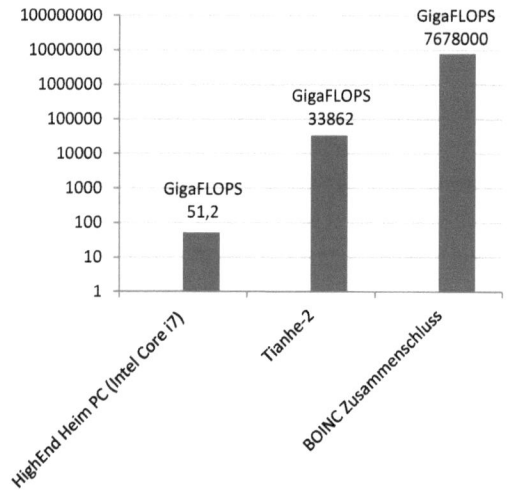

Seit November 2003 steht BOINC unter „GNU General Public License", eine weltweit verbreitete Lizenz für Software, die es jedem gestattet mit GNU lizensierte Software frei zu kopieren, zu verändern und zu verbreiten.

„Freie Software ist eine Frage der Freiheit des Nutzers, Software auszuführen, zu kopieren, zu verbreiten, zu untersuchen, zu ändern und zu verbessern." (FREE SOFTWARE FOUNDATION, 1996-2014).

Genauer bezieht sie sich auf vier Freiheiten für Softwarenutzer:

- Die Freiheit, das Programm auszuführen wie man möchte, für jeden Zweck (Freiheit 0).
- Die Freiheit, die Funktionsweise des Programms zu untersuchen und eigenen Bedürfnissen anzupassen (Freiheit 1). Der Zugang zum Quellcode ist dafür Voraussetzung.
- Die Freiheit, das Programm weiterzuverbreiten und damit seinen Mitmenschen zu helfen (Freiheit 2).
- Die Freiheit, das Programm zu verbessern und diese Verbesserungen der Öffentlichkeit freizugeben, damit die gesamte Gemeinschaft davon profitiert (Freiheit 3). Der Zugang zum Quellcode ist dafür Voraussetzung.

2.1. Entwicklung der App

Auf Basis der BOINC Network Computing Technologie wurde von Samsung Electronics Austria die Power Sleep App entwickelt. Dies stellt insofern einen enormen Fortschritt im Bereich Distributed Computing dar, da dies weltweit die erste App ist, die es möglich macht Smartphones und Tablet-PC für die Allokation ungenutzter Prozessorressourcen mit einzubinden. Um die Entwicklungskosten zu reduzieren wurde die App bis dato zwar für Endgeräte unabhängig der Herstellermarke entwickelt, allerdings müssen die Geräte über das Betriebssystem Android verfügen.

„Android wurde urpsürunglich für mobile Endgeräte wie Smartphones konzipiert [...] Neben Mobiltelefonen kommt Android jetzt oder in naher Zukunft auf Netbooks, Auto-Infotainment-Systemen, Festnetztelefonen, Spielekonsolen, Tablet-PC oder in Set-Top-Boxen zum Einsatz." (BECKER und PANT, 2009, 19).

Android ist ein Betriebssystem, dass von der Suchmaschine Google entwickelt wurde und in den Grundstrukturen auf dem Computer Betriebssystem Linux basiert. Dass die App nur für Android entwickelt wurde hat desweiteren den Grund, dass das Android Betriebssystem mit nahezu 80% den größten Marktanteil am Smartphone und Tablet-PC Sektor für sich beansprucht und dass es sich bei Android auch um eine freie Software handelt, die genau wie BOINC mit GNU lizensiert ist..

2.2. Aufbau der App

Der Startbildschirm überzeugt durch ein ansprechendes Design - im Mittelpunkt ein Satellitenbild des Planeten Erde bei Nacht, bei kurz bevorstehendem Sonnenaufgang. Die wenigen vorhandenen Schaltflächen sowie deren intelligente Anordnung sind Grundlage für eine selbsterklärende und intuitive Bedienung. Im Prinzip handelt es sich auf den ersten Blick ja auch „nur" um eine Wecker Applikation, wie sie auch tausendfach in alternativen Ausführungen zu finden ist.

Anmerkung der Redaktion: Die Abbildungen wurden aus urheberrechtlichen Gründen entfernt.

Abbildung 2: Startbildschirm der App (Samsung Electronics Austria, 2014)

2.3. Bedienung und Funktionsweise

Vor der ersten Inbetriebnahme sollte man die individuellen Einstellungen betreffend Weckfunktion vornehmen. Dieses sind allgemein bekannte Funktionen wie Art des Wecktons, Wiederholung des Wecksignals, Schlummerfunktion und ähnliches. Im Speziellen aber auch jene wichtigen Funktionen im Bezug auf die Datenberechnungen. Es kann zum Beispiel festgelegt werden, ob Daten nur über eine aktive W-LAN Verbindung empfangen und gesendet werden dürfen, oder aber auch über die zurzeit gängigen Standards für Datendienste wie Universal Mobile Telecommunications System (UMTS) der 3. Generation (3G). Dies ist insbesondere für jene User interessant, die über einen unlimitierten Flatratevertrag verfügen, bei dem erhöhtes Datentransfervolumen nicht am Monatsende in der Abrechnung zu Buche schlägt.

„Wir wollen nicht, dass sich jemand zusätzliche Geräte kauft, um an diesem Projekt teilzunehmen. Es soll einfach eine Infrastruktur, die bereits existiert, für einen weiteren, guten Zweck nutzbar gemacht werden.“ (RATTEI, 2014). Ziel der App ist das Lukrieren bereits vorhandener, ungenutzter Ressourcen ohne zusätzlich Kosten beim User zu verursachen.

2.4. Technischer Hintergrund

Die zurzeit auf dem Markt erhältlichen Smartphone und Tablet-PC Modelle der neuesten Generation sind mit modernen Mehrkernprozessoren ausgerüstet und verfügen über Spitzenleistungen in Hinsicht auf die Taktfrequenz des Prozessors von bis zu 2,5 GHz. Also einem gewöhnlichen Haushalts PC durchaus ebenbürtig. Im Gegensatz zum Haushalts PC werden Smartphones und Tablet-PCs, wie im weiteren Verlauf der Arbeit auch das Ergebnis der Online Umfrage zeigen wird, nachts nur selten bis gar nicht ausgeschaltet. Somit entsteht ein enormes Potential an ungenutzten Ressourcen in Form von Prozessorleistung.

2.4.1. Betrieb der Applikation

Die App nimmt Ihren Betrieb erst nach dem Anstecken an das geräteeigene Ladekabel und nach vollständiger Ladung des Akkus auf. Sobald der Ladevorgang abgeschlossen ist, werden je nach zuvor getroffener Einstellung entweder über eine W-LAN Verbindung oder mobile Netzwerkdienste Datenpakete vom eigens dafür eingerichteten Server der Universität Wien angefordert. Diese Datenpakete haben eine Maximalgröße von 1 MB (Megabyte) und haben zum Vergleich nur etwa ein Drittel der Größe einer gewöhnlichen Musikdatei im Format MPEG-1 Audio Layer III (MP3), welches das häufigste und am weiten verbreiteteste Format für Audio Dateien ist. Dieses Datenpaket wird entpackt und der Prozessor führt die enthaltenen Berechnungen durch.

2.4.2. Technische Sicherheitseinrichtungen

Es handelt sich hierbei ausschließlich um numerische Kalkulationsvorgänge, sämtliche andere Bereiche des Endgerätes wie private Daten oder Informationen über den Besitzer werden in keinster Weise berührt. Die für die Berechnungsvorgänge notwendigen Daten werden lediglich temporär abgespeichert und nach Abschluss des Rechenvorganges und deren Rücksendung wieder gelöscht. Da im Normalfall bei zu starker Beanspruchung des Prozessors durch die Berechnung dieser komplexen Algorithmen eine starke Wärmeentwicklung auftreten würde und dies im Extremfall zur Überhitzung des Gerätes führen könnte, wurden in die App mittels Programmcode mehrere Sicherheitsvorkehrungen implementiert. Für die Berechnungsvorgänge wird maximal ein Prozessorkern belastet. Dies offeriert zusätzlich den Vorteil, dass sämtlichen Funktionen des Smartphones/des Tablet PC in vollem Funktionsumfang verfügbar bleiben und der Nutzer somit keine Einbußen im Bezug auf Erreichbarkeit und Kommunikation in Kauf nehmen muss. Desweiteren wurde in die App eine Temperatursteuerung integriert die sämtliche Rechenvorgänge sofort unterbricht, sobald eine Prozessorkerntemperatur von 40 Grad Celsius überschritten wird, um eine Schädigung durch Überhitzung zu verhindern.

2.5. Verwertung der Daten

Sobald alle Rechenvorgänge eines Datenpaketes abgeschlossen sind, werden die Ergebnisse an den Server der Universität Wien retourniert. Vom Server wird das Datenmaterial direkt in einem eigens dafür entwickeltem Datenbanksystem namens SIMAP abgelegt. SIMAP steht für Similarity Matrix of Proteins und ist eine Datenbank für Proteinähnlichkeiten. Entwickelt wurde diese Datenbank in einem gemeinsamen Projekt der Technischen Universität München, dem Center of Life and Food Science Weihenstephan und der Universität Wien. Die SIMAP Datenbank sammelt und zentralisiert alle Ergebnisse sämtlicher Proteinversuchsreihen weltweit und ist die einzige derartige Datenbank, in der alle bisher bekannten Proteine abgelegt wurden. Die durch die Datenbank gewonnenen Ergebnisse sind somit auch weltweit abrufbar und werden für wissenschaftliche Zwecke kostenlos zur Verfügung gestellt.

2.6. Sozialer Aspekt und Ziel des Projekts

Der Leitspruch „Tu Gutes, während du schläfst" (Samsung Electronics Austria, 2014) steht selbsterklärend wofür die App konstruiert wurde. Dem Benutzer wird die Möglichkeit geboten, Teil eines großen wissenschaftlichen Projektes zu sein und ohne große Anstrengung also wortwörtlich, im Schlaf Gutes zu tun und seinen Beitrag im Kampf gegen Krankheiten wie Alzheimer oder Krebs zu leisten. Dieses Gefühl wird nicht zuletzt auch dadurch gefördert, dass anhand der App auch nachvollzogen werden kann, wie viele Stunden sein Smartphone oder Tablet-PC im Dienste der Wissenschaft gestanden ist. Natürlich steht bei dem Projekt auch die Vernetzung von Wissenschaft und Gesellschaft im Vordergrund und soll auch Personen ohne wissenschaftliche Vorbildung oder akademischen Abschluss die Möglichkeit geben, ein wenig in diese Materie einzutauchen und deren Interesse für die wissenschaftliche Forschung zu wecken.

„Technologie kann nur in den Händen der Menschen Großes vollbringen. Was Thomas Rattei und sein Team an der Universität Wien in der Proteinforschung mit IT-Unterstützung und wissenschaftlichem Know-how leisten, hat uns inspiriert. Unsere Anerkennung dafür – und gleichzeitig unser Beitrag für den Kampf gegen Alzheimer oder Krebs – heißt Power Sleep." (UNI:VIEW. 2014. WALLNER M., Senior Director IT & Mobile bei Samsung Electronics Austria).

3. METHODEN ZUR BEARBEITUNG

Zur Ausarbeitung der vorliegenden Arbeit wurde eine Kombination mehrerer Methoden verwendet. Zum einen eine Literaturrecherche um sich Grundwissen und im weiteren Verlauf auch fachspezifisches Wissen über das Thema anzueignen, gefolgt von einer empirischen Datenerhebung und einem Interview mit einem einschlägigen Experten.

3.1. Literaturrecherche

Im Zuge der Sekundärforschung wurde auf die Methode der Literaturrecherche zurückgegriffen. Da es sich bei dem zu behandelnden Thema um ein sehr junges Projekt handelt, waren hauptsächlich nur über Online Suche bzw. auf den Internet Auftritten der Projektpartner Samsung Electronics Austria und dem Medienportal der Universität Wien und über die offizielle Presseaussendung der Austria Presse Agentur (APA) detailliertere Informationen zu bekommen. Lediglich von vorhergehenden Projekten wie BOINC oder SETI@home ist einschlägige Fachliteratur verfügbar.

3.2. Empirische Datenerhebungen

Anknüpfend an die Literaturrecherche wurde ein Online Fragebogen zur quantitativen Datenerhebung und Primärdatengewinnung erstellt. Dieser Fragebogen wurde unter Zuhilfenahme der Online Plattform www.umfrageonline.com zusammengestellt. Grund dafür war in erster Linie das einfach zu bedienende Online Interface, das es auch Laien ermöglicht einen adäquaten Fragebogen im Baukastensystem zusammen zu stellen. Ein weiterer Grund war natürlich kostensparend zu arbeiten, wobei ein ansonsten teures Businesspaket mit großem Funktionsumfang für Studenten kostenlos zur Verfügung gestellt wird. Bevor der Fragebogen Online gestellt wurde, haben 5 Personen einen Pretest absolviert, um im Vorhinein auf etwaige Rechtschreib-, Grammatik- oder Logikfehler im Zuge der Fragestellungen aufmerksam zu werden und zu korrigieren. Um eine große Anzahl an Teilnehmern zu gewinnen wurde der Fragebogen teils über E-Mail Verteiler, teils über soziale Netzwerke wie Facebook und zum Teil auch über Mundpropaganda weiterverbreitet.

3.3. Experteninterview

Die Methode des Experteninterviews wurde gewählt um aus erster Hand aktuelle Informationen zum derzeitigen Projektstatus zu bekommen.

„Unter dem Überbegriff Experteninterview versteht man qualitative Datenerhebungsmethoden, die mittels offenen oder teilstandardisierten Expertenbefragungen zu einem vorgegebenen Thema durchgeführt werden." (BORTZ und DÖRING, 2006, 315).

Als Interviewpartner wurde Univ.-Prof. Dr. Thomas Rattei, Professor für Bioinformatik an der Universität Wien und Initiator des Projektes Samsung Power Sleep ausgewählt. Dr. Thomas Rattei ist seit dem Jahr 2010 als Professor für Bioinformatik an der Fakultät für Lebenswissenschaften an der Universität Wien tätig. Er studierte Chemie an der Technischen Universität Dresden und hat dort auch promoviert. Dort begann er seine Forschungstätigkeiten, über die Erforschung von Genomen und Proteinen hinaus mit Bioinformatik zu verknüpfen, worin er auf der Technischen Universität München habilitierte. An der TU München wurden quasi die Grundsteine für die SIMAP Datenbank gelegt, dass von ihm nun auf der Universität Wien weiterentwickelt und weitergeführt wird. Auf der folgenden Abbildung 3 ist Prof. Dr. Thomas Rattei mit dem in Punkt 2.6 dieser Arbeit zitierten Senior Director IT & Mobile Martin Wallner zu sehen.

Anmerkung der Redaktion: Die Abbildung wurde aus urheberrechtlichen Gründen entfernt.

Abbildung 3:   Prof. Dr. Thomas Rattei und Senior Director IT & Mobile bei Samsung Electronics Austria Martin Wallner (Samsung Electronics Austria, 2014)

Die Interviewanfrage wurde seitens der Universität Wien mit einem vorab gefertigten Interviewbogen beantwortet mit dem Verweis, dass Prof. Rattei aufgrund der Vielzahl derartiger Anfragen und um den Vorantrieb seiner Forschungstätigkeit zu gewährleisten, die Zeit fehlt, sämtliche Anfragen persönlich zu beantworten. Da dieser Fragebogen sich zum Teil mit den ursprünglich gestellten Fragen deckt und nicht unwesentliche Informationen enthält wurde er trotzdem verwendet.

4. ERGEBNISSE UND AUSWERTUNG

Der folgende Teil der Arbeit widmet sich der Ergebnisauswertung der im vorangegangenen Abschnitt angeführten Methoden. Zuerst werden die Ergebnisse der Online Umfrage ausgewertet und grafisch dargestellt. Desweiteren folgt die Expertise von Prof. Dr. Thomas Rattei.

4.1. Ergebnisse der empirischen Datenerhebung

Die Online Umfrage war 5 Tage lang aktiv. In diesen 5 Tagen haben sich insgesamt 238 Personen beteiligt, wovon 228 den Fragebogen vollständig ausgefüllt haben. Die restlichen 10 Teilnehmer haben die Befragung aus unersichtlichen Gründen unvollständig beantwortet bzw. die Umfrage abgebrochen. Deshalb werden für die folgenden Auswertung nur die vollständig beantworteten 228 Umfragebögen herangezogen.

4.1.1. Erhebung der Smartphone und/oder Tablet User

Die Einstiegsfrage sollte klären, wie viele der befragten Personen überhaupt über ein Smartphone oder einen Tablet PC verfügen. Dabei kam zum Vorschein, dass 60,50% der 228 Befragten ein Smartphone besitzen und 32,35% sowohl Smartphone als auch Tablet-PC benutzen. 5,46% gaben an keines der beiden Geräte zu nutzen und 1,68% verfügen nur über einen Tablet-PC. Dies wird in der Abbildung 4 auf der nächsten Seite als Kreisdiagramm dargestellt.

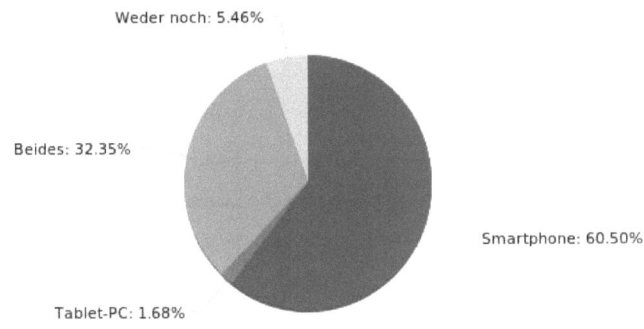

Abbildung 4:   Verteilung Smartphone/Tablet-PC Besitzer (eigene Darstellung, 2014)

4.1.2.　Art des verwendeten Betriebssystems

Die zweite Frage beschäftigt sich damit, welches Betriebssystem auf dem Smartphone/Tablet PC verwendet wird. Eine nicht unwichtige Frage, da die App, wie zuvor erwähnt, aktuell nur für Geräte mit Android Betriebssystem verfügbar ist. Die Antworten der 228 Teilnehmer werden in der folgenden Abbildung 5 veranschaulicht. Die Angaben sind in Prozent. Es lässt isch deutlich erkennen, dass sowohl am Smartphone als auch am Tablet-PC Sektor eine eindeutige Mehrheit an Android Usern zu verzeichnen ist.

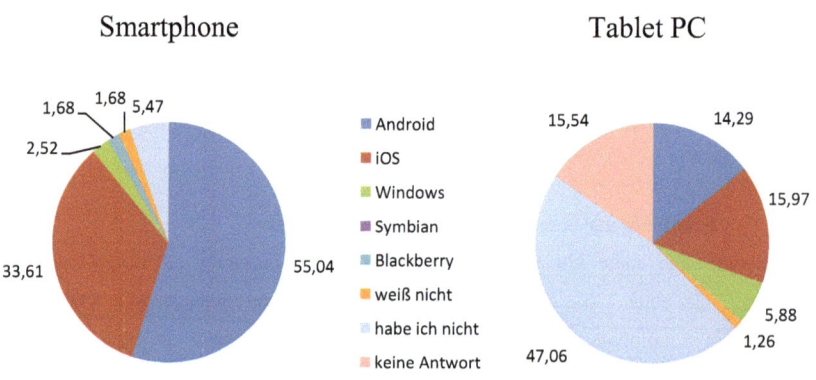

Abbildung 5:　Verwendete Betriebssysteme auf den Endegeräten (eigene Darstellung, 2014)

4.1.3.　Ausschaltverhalten bei Nacht

Da die App an und für sich für den Betrieb in der Nacht konzipiert ist, wurde in der nächsten Frage erhoben, ob die befragten Personen ihr Smartphone/Tablet in der Nacht ausschalten.

Dies beantworteten von 228 Befragten mit einer eindeutigen Mehrheit von 91,56% mit „Nein" und nur 8,44% gaben an ihr Gerät in der Nacht auszuschalten.

4.1.4.　Bekanntheit der Applikation

Der nächste Fragenblock sollte die Bekanntheit der App feststellen. Bei der ersten Frage wird von den Teilnehmern erfragt, ob sie schon zuvor von der App gehört haben. Von den 228 Befragten gaben 38,56% an die App zu kennen, 20,76% schon davon gehört zu haben und 40,68%, dass ihnen die App gänzlich unbekannt ist.

Darauffolgend wurde von jenen Personen, die die vorhergehende Frage positiv beantwortet hatten, erfragt auf welchem Weg sie von Samsung Power Sleep erfahren haben. Die folgende Abbildung 6 zeigt, dass die Mehrheit angab, die App aus der TV-Werbung zu kennen, wobei festgehalten werden muss, dass bei dieser Frage auch Mehrfachnennungen zulässig waren.

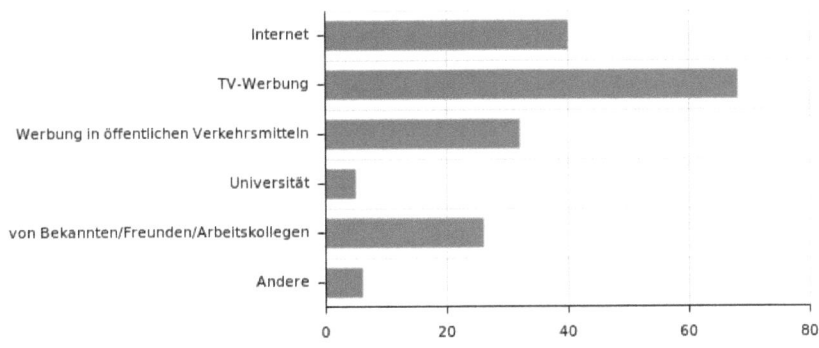

Abbildung 6:   Bekanntheit der App (eigene Darstellung, 2014)

4.1.5.   Interesse am Projekt teilzunehmen

Es folgte eine Unterbrechung im Fragebogen, in der kurz umrissen wurde, was Samsung Power Sleep eigentlich ist und wie das Ganze funktioniert. Zusätzlich wurde ein Link zur Online Video Plattform YouTube (https://www.youtube.com/watch?v=KAjzrXLKCO8 , 03.05.2014) eingefügt, wo ein kurzes Video der Werbekampagne für die App zu sehen war, um alle Teilnehmer der Online Umfrage auf annähernd den gleichen Wissensstand hinsichtlich des Projektes zu bringen.

In der darauf folgenden Frage gaben 56,71% der 228 Umfrageteilnehmer an, dass sie generell bereit wären, an diesem Projekt teilzunehmen, 29,0% waren unentschlossen und 14,29% verneinten die Teilnahme. Abbildung 7 stellt die Antworten grafisch als Tortendiagramm dar.

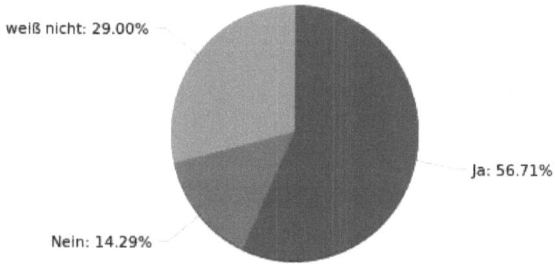

weiß nicht: 29.00%

Ja: 56.71%

Nein: 14.29%

Abbildung 7:   Interesse am Projekt teilzunehmen (eigene Darstellung, 2014)

4.1.6.   Stellungnahme gegenüber dem Projekt

In der folgenden offenen Fragestellung konnten die Umfrageteilnehmer angeben, warum sie der Projektteilnahme positiv, negativ oder mit Skepsis gegenüber stehen. Diese Frage stellte kein Pflichtfeld da, wurde aber von ca. 70% Prozent der 228 Teilnehmer beantwortet. Die meist genannten Antworten der Befürworter waren, dass sie das Projekt und den Sinn und Zweck dahinter durchaus als sehr sinnvoll erachten beziehungsweise ihr Smartphone ohnedies nicht ausschalten und deshalb die Beteiligung für sie auf der Hand läge. Der Hauptgrund für diejenigen, die eine Teilnahme von vornherein verneinen war entweder kein Smartphone oder Tablet-PC zu besitzen oder auf dem Gerät kein Android Betriebssystem zu haben. In der Gruppe der Skeptiker waren häufige Antworten die Angst um die Sicherheit ihrer persönlichen Daten am Smartphone und dass Informationen die Samsung über die Funktionsweise der Applikation bereitstellt, teilweise unverständlich für die Befragten sind. Ein Teil der Befragten äußerte Bedenken bezüglich erhöhter Strahlungsemmissionen während des nächtlichen Betriebes von Smartphones und Tablet-PC.

4.1.7.   Soziodemographische Angaben

Am Ende der Umfrage wurden noch ein paar soziodemographische Daten eingehoben, um sich einen groben Überblick über die Umfrageteilnehmer zu verschaffen und die Befragten Personen beziehungsweise deren Antworten besser einschätzen zu können. Unter anderem wurden Alter, Geschlecht und Wohnort der Umfrageteilnehmer, sowie in zwei abschließenden Fragen der höchste erreichte Bildungsgrad und die derzeitige berufliche Tätigkeit erfragt.

Es nahmen 58,65 % weibliche und 41,35% männliche Personen teil, deren Durchschnittsalter bei 24,8 Jahren lag. Um eine höchstmögliche Anonymität zu gewährleisten wurde bezüglich des Wohnortes nur nach der Postleitzahl gefragt. Ca. 95 % liegen hierbei im Großraum Wien.

Die folgende Abbildung 8 zeigt, dass 64,73% der 228 Befragten über einen Abschluss an einer höher bildenden Schule verfügen und 28,99% sogar einen akademischen Abschluss erreicht haben.

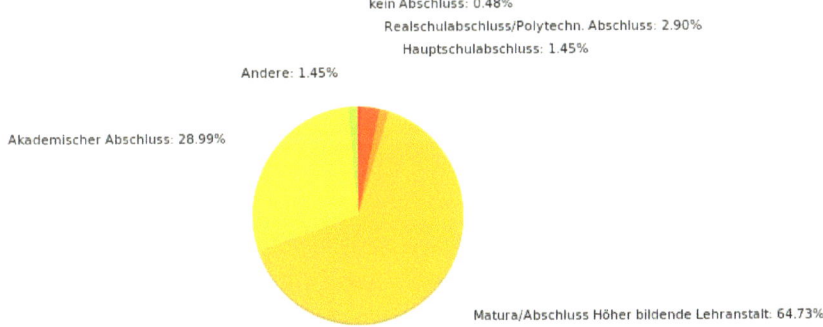

Abbildung 8:   Höchster erreichter Bildungsabschluss (eigene Darstellung, 2014)

Abbildung 9 stellt die derzeitige berufliche Situation der befragten Teilnehmer dar, wobei in Ausbildung befindliche Personen die eindeutige Mehrheit mit 61,84 % darstellen. Bei der Fragestellung wurde die mögliche Nebenerwerbstätigkeit oder geringfügige Beschäftigung von Schülern und Studenten nicht mit einbezogen.

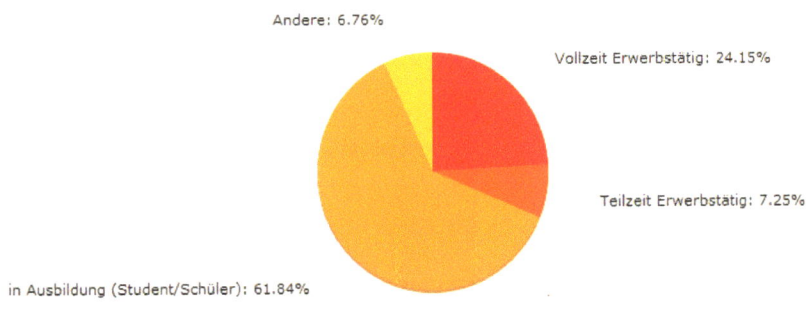

Abbildung 9:   Derzeitige berufliche Tätigkeit (eigene Darstellung, 2014)

4.2. Ergebnisse des Experteninterviews

In dem von der Medienabteilung der Universität Wien zur Verfügung gestellten Interview unterstreicht Dr. Rattei zunächst wie wichtig der Vorantrieb der Forschung im Bereich der Genome und Proteine ist. Er merkt an, dass das langfristige Forschungsziel eine Heilungsmöglichkeit für die Krankheiten Alzheimer und Krebs zu finden, durchaus plakative Beispiele sind, um die Bedeutung dieses Forschungsgebietes zu unterstreichen.

Rattei stellt desweiteren fest, dass von Anfang an klar war, dass für diesen Zweck immense Kapazitäten in Form von Rechnerleistung notwendig sind. Diese können weder von einer Forschungseinrichtung allein, noch von diversen Supercomputern zur Verfügung gestellt werden. Deshalb war es notwendig auf die Idee des Distributed Computing Projekt BOINC zurück zu greifen. Dadurch entsteht nebenbei eine interessante und durchaus erwünschte Verbindung zwischen Wissenschaft und Gesellschaft.

Durch Samsung Power Sleep wird diese Idee auf ein neues Level gehoben, da das BOINC Projekt, wie er sagt, bis dato eher nur unter „Computerfreaks" bekannt war, und durch die Implementierung auf Smartphones und Tablet-PC noch weiter der Öffentlichkeit zugänglich gemacht wird. Power Sleep soll eine Brücke sein, die es ermöglicht allen die Interesse haben, sich an dem Projekt zu beteiligen, auf einfachem Wege mitzuwirken.

Eventuelle Bedenken zum Thema Sicherheit räumt er dadurch aus in dem er erklärt, dass die Applikation ausschließlich auf den Prozessor des Gerätes zugreift und eben nur die Proteinberechnungen durchführt. Desweiteren erwähnt er einen Fall in dem aufgrund der fortlaufenden Berechnungen auf einem gestohlenen Laptop, das Gerät lokalisiert und dem rechtmäßigen Besitzer zurückgegeben werden konnte.

Prof. Rattei stellt klar, dass ein jeder einzelne Nutzer für das Projekt wichtig ist, denn es lebt von der Masse an teilnehmenden Personen. Außerdem wird durch die Verbreitung eine Community geschaffen, die durch ihre Eigendynamik die Bekanntheit des Projektes noch weiter zu steigern vermag.

Rattei erwähnt aber auch, dass abgesehen von dem gelebten Bildungsauftrag auch ein gewisser Nachhaltigkeitsgedanke im Vordergrund steht und das Projekt nicht darauf ausgerichtet ist, dass sich potentielle Teilnehmer neue Geräte anschaffen um mitzumachen, sondern eben die bereits vorhandene Infrastruktur und deren ungenutzten Ressourcen der Forschung zur Verfügung gestellt wird.

5. DISKUSSION

Ziel dieser Arbeit war es kritisch zu hinterfragen, wie hoch der tatsächliche Nutzen einer solchen Applikation in der Realität ist und wie hoch das gegenwärtige Interesse daran mitzuwirken ist bzw. wie sich dieses noch steigern lassen könnte. Den ersten Teil der Fragestellung bezüglich des tatsächlichen Nutzens muss man eindeutig als hoch einschätzen, wenn man vorerst das enorme Einsparungspotential an Finanzmitteln hinsichtlich des Baus und Betriebes von Großrechnern betrachtet. Abbildung 1 veranschaulicht meiner Meinung nach sehr gut, welch erstaunlich große Leistungskraft an gebündelter Rechenleistung entsteht durch die ungenutzten Ressourcen im Rechner Netzwerk. Rattei erklärt eben auch im Interview, dass jeder Teilnehmer mehr, für den Erfolg des Projektes wichtig ist, da das Ganze nicht nur von der Community lebt, sondern die Idee mit jedem zusätzlichen Nutzer zur Steigerung der Bekanntheit des Ganzen beiträgt.

In der Auswertung des Fragebogens erkennt man deutlich, dass das Projekt, obwohl offizieller Projektstart nur drei Monate vor dieser Arbeit war, einen beachtlichen Bekanntheitsgrad unter den Umfrageteilnehmern erreicht hat und dass das Interesse daran teilzunehmen sowohl bei jenen Personen für die die Idee neu war, als auch bei denen, die die Samsung Power Sleep App bereits kannten durchwegs sehr hoch ist. Wie Dr. Rattei im Interview festhält, ist die Transformation des Distributed Computings vom gewöhnlichen PC hin zu Smartphones und Tablet-PCs noch ein weiterer wichtiger Schritt um interessierten Personen die einfache Möglichkeit zu geben unkompliziert an dem Projekt teilzunehmen. Kritisch betrachten muss man allerdings die Einschränkung, dass die Applikation ausschließlich auf mobilen Geräten mit Android Betriebssystem installiert und genutzt werden kann. Anhand der Umfrage lässt sich erkennen, dass mehr als die Hälfte der 228 Befragten auf dieses Betriebssystem zurückgreift, jedoch haben gute 33% angegeben ein auf iOS basierendes Endgerät nutzen. Dies sollte seitens der Entwickler auf keinen Fall außer Acht gelassen werden, da durch die Betriebssystemeinschränkung gegenwärtig potentielle Projektteilnehmer von vornherein ausgeschlossen werden.

Hinsichtlich der Bedenken einiger Umfrageteilnehmer, dass das Smartphone bzw. der Tablet-PC aufgrund der aktiven Datenverbindung eine zusätzliche Strahlenquellen in ihrem Schalfzimmer darstellt, muss man festhalten, dass die App als Wecker genutzt werden kann, dies aber nicht essentiell für die Datenberechnungen notwendig ist. Die Weckfunktion soll für interessierte Perosnen lediglich ein zusätzlicher Anreiz sein. Das Smartphone oder Tablet-PC kann ja auch räumlich getrennt vom Schlafbereich geladen werden und die Power Sleep App ausführen.

Aufgrund der offenen Antworten jener Personen, die dem Projekt skeptisch gegenüberstehen, muss man sich seitens der Entwickler Gedanken machen, wie man die Samsung Power Sleep noch transparenter und der breiten Masse verständlicher näher bringen kann. Vor allem müssen die Sicherheitsbedenken komplett ausgeräumt werden, beziehungsweise muss besser vermittelt werden, wie die Applikation arbeitet, ohne in irgendeiner Art und Weise mit den privaten Daten der Nutzer in Kontakt zu kommen. Um eben auch jene Personen zu überzeugen, die laut Umfrageergebnis der Teilnahme am Samsung Power Sleep Projekt zwar offen gegenüber stehen würden, aber durch diese Skepsis im Bezug auf die Datensicherheit noch gehemmt sind.

6. AUSBLICK

Angesichts der Tatsache, dass Smartphones und Tablet-PCs von immer mehr Personen verwendet werden und ohnedies in unzähligen Anwendungsbereichen in den Alltag integriert werden, ist die Verwendung einer Applikation wie der Samsung Power Sleep App, abgesehen von den Hauptfunktionen dieser Geräte, sicherlich eine gute und sinnvolle Ergänzung. Außerdem wird diese grundlegende Idee der Verwertung der ungenutzten Prozessorkapazitäten von mobilen Geräten zukünftig sicherlich zur Entwicklung und Verwirklichung ähnlicher Projekte beitragen.

Ein meiner Meinung nach nicht unwesentlicher Aspekt, der den Teilnehmern durch die Nutzung der Samsung Power Sleep App noch mehr bewusst werden könnte, ist ein besseres Verständnis für Begriffe wie Nachhaltigkeit und Ressourcenmanagement zu gewinnen. Vor allem, weil es beim Thema Ressourcenmanagement zumeist um die Schonung oder das Einsparen geht, wird bei dieser Betrachtungsweise aber in Verbindung mit dem Distributed Computing der Fokus auf das enorme Potential an ungenutzten, bereits vorhandenen Ressourcen gelenkt. Allein dieses Bewusstsein in den Köpfen der Teilnehmer hervorzurufen, lässt sich unumstritten als Erfolg für das Projekt Samsung Power Sleep bezeichnen.

Literaturverzeichnis

AUSTRIA PRESSE AGENTUR (APA) (2014): Im Schlaf gemeinsam Gutes tun. Online: https://science.apa.at/rubrik/natur_und_technik/Im_Schlaf_gemeinsam_Gutes_tun/SCI_20140213_SCI39471 352416960412 (14.02.2014).

BAUN, C.; et.al. (2011): Cloud Computing: Web-basierte dynamische IT-Services. Springer Verlag 2. Auflage.

BECKER, A.; PANT, M. (2009): Android: Grundlagen und Programmierung. dpunkt Verlag 1. Auflage.

BORTZ, J.; DÖRING, N., (2006): Forschungsmethoden und Evaluation für Human- und Sozialwissenschaftler. Heidelberg: Springer Medizin Verlag 4. Auflage.

FREE SOFTWARE FOUNDATION (1996-2014): Definition GNU Lizenz. Online: http://www.gnu.org/home.de.html (27.05.2014).

MAHAJAN, S.; SHAH, S. (2013): Distributed Computing. Oxford 2. Auflage.

RIES, C. (2012): BOINC: Hochleistungsrechnen mit Berkeley Open Infrastructure for Network Computing. Springer Verlag.

RATTEI, T. (2014): Experteninterview. Presseaussendung Universität Wien.

UNIVERSITY OF CALIFORNIA, Berkeley (2014): BOINC Project. Online: http://boinc.berkeley.edu/index.php (29.04.2014).

UNIVERSITÄT WIEN (2014): uni:view Magazin: Mit einer App im Schlaf Gutes tun. Online: http://medienportal.univie.ac.at/uniview/wissenschaft-gesellschaft/detailansicht/artikel/mit-einer-app-im-schlaf-gutes-tun/ (13.02.2014).

ZAUN, H. (2010): SETI - Die wissenschaftliche Suche nach außerirdischen Zivilisationen: Chancen, Perspektiven, Risiken. Heisoft Publishing AG 1. Auflage.

Abbildungsverzeichnis

Anhang

Online Umfrage

Samsung Power Sleep

Seite 1

Liebe Teilnehmerinnen und Teilnehmer!

Vielen Dank für Ihr Interesse an der Teilnahme zur Umfrage. Im Rahmen meiner Bachelorarbeit beschäftige ich mich mit der Verwertung ungenutzter Ressourcen, speziell ungenutzter Prozessorleistung von Smartphones und Tablet-PCs im Standby Betrieb. Näheres erfahren Sie im Zuge des Fragebogens. Die Daten werden völlig anonym ausgewertet und auschließlich für universitäre Zwecke verwendet. Die Umfrage wird ca. 5 Min. in Anspruch nehmen. Für eventuelle Rückfragen stehe ich gerne zur Verfügung:

Josef Wiedenhofer

Seite 2

Besitzen Sie ein Smartphone oder einen Tablet-PC *

○ Smartphone

○ Tablet-PC

○ Beides

○ Weder noch

Welches Betriebssystem verwendet Ihr Smartphone/Ihr Tablet-PC

	Android	iOS	Windows	Symbian	Blackberry	weiß nicht	habe ich nicht
Smartphone	☐	☐	☐	☐	☐	☐	☐
Tablet-PC	☐	☐	☐	☐	☐	☐	☐

Schalten Sie Ihr Smartphone/Ihren Tablet-PC über Nacht komplett aus (Standby Modus zählt nicht als ausgeschalten)? *

○ ja

○ nein

Seite 3

Werbesujet Samsung Power Sleep

Anmerkung der Redaktion: Die Abbildung wurde aus
urheberrechtlichen Gründen entfernt.

Haben Sie schon von der Applikation (App) "Samsung Power Sleep" für Smartphones und Tablet-PCs gehört? *

○ Ja, kenne ich

○ Ja, gehört schon, aber ich weiß nicht was es ist

○ Nein, kenne ich nicht

Seite 4

Wo haben Sie davon gehört? *

☐ Internet

☐ TV-Werbung

☐ Werbung in öffentlichen Verkehrsmitteln der Wiener Linien

☐ Universität

☐ von Bekannten/Freunden/Arbeitskollegen

☐ sonstige Quellen [_____]

23

Seite 5

Samsung Power Sleep

*Anmerkung der Redaktion: Die Abbildung wurde aus
urheberrechtlichen Gründen entfernt.*

Die App "Samsung Power Sleep" ist ein gemeinsames Projekt von Samsung Österreich und der Universität Wien. Hierbei wird die ungenutzte Prozessorleistung von Smartphones und Tablet-PCs jener User genutzt, die ihre Geräte über Nacht nicht abschalten und ohnehin zum Aufladen an die Steckdose hängen. Konkret werden dabei Datenpakete mit einer Größe von maximal 1MB (Megabyte) an das entsprechende Endgerät verschickt, die nach Berechnung wieder an die Forschungsdatenbank der Uni Wien retourniert werden. Bei den Berechnungen handelt es sich um Proteinsequenzen, die primär zur Krebs- und Alzheimerforschung beitragen. D.h. während der User schläft "arbeitet" das Smartphone für den guten Zweck. Wann und in welchem Ausmaß die App arbeiten darf, kann vom Benutzer frei gewählt werden, sodass keine unvorhersehbaren Kosten entstehen können. Außerdem gibt es eine praktische Weckfunktion an der man zusätzlich nachvollziehen kann, welchen Beitrag man im Schlaf geleistet hat.

Samsung Power Sleep: https://www.youtube.com/watch?v=20KSvs4-tYw

Seite 6

Anhand der vorhergehenden Informationen, wären Sie generell bereit an diesem Projekt teilzunehmen? *

○ Ja

○ Nein

○ weiß nicht

Seite 7

Warum wären Sie interessiert bei diesem Projekt mitzumachen?

Warum käme es für Sie nicht in Frage an diesem Projekt teilzunehmen?

Warum wären Sie skeptisch bezüglich der Teilnahme an diesem Projekt?

Seite 9

Zum Schluss noch ein paar allgemeine Fragen: *

Alter	
Wohnort (PLZ)	

Geschlecht: *

○ weiblich

○ männlich

Seite 10

Ihr höchster Bildungsabschluss: *

○ kein Abschluss

○ Realschulabschluss/Polytechn. Abschluss

○ Hauptschulabschluss

○ Matura/Abschluss Höher bildende Lehranstalt

○ Akademischer Abschluss

○ sonstiges

Welcher Beschäftigung gehen Sie derzeit nach? *

○ Vollzeit Erwerbstätig

○ Teilzeit Erwerbstätig

○ in Ausbildung (Student/Schüler)

○ sonstiges

Experteninterview

Brückenbauer der Forschung

WIEN, 13. Februar 2014 – Prof. Dr. Thomas Rattei von der Universität Wien erforscht Proteine. Mit biologischem Wissen und leistungsstarken Computern liefert er die Basis für den Kampf gegen Krankheiten wie Alzheimer oder Krebs. Dabei setzt er auf die Kraft der Masse: Smartphone-User aus ganz Österreich können ihm nun mit der App „Power Sleep" von Samsung Prozessorleistung für seine Forschung spenden.
Druckfähiges Bildmaterial: http://s.samsung.at/img_Power_Sleep
Microsite: http://powersleep.samsung.at *(online ab Freitag, 14. Februar 2014, 18:00)*

Interviewer (I): Im Jahr 2012 ging der Nobelpreis für Chemie an zwei US-amerikanische Forscher, die sich der Proteinforschung gewidmet haben. Ein Zeichen der hohen Bedeutung und der Würdigung dieses Forschungsfeldes. Was macht die Bedeutung dieses Faches wirklich aus?

Prof. Dr. Thomas Rattei (R): Das Spannende an der Proteinforschung ist, dass sie in allen Bereichen von der Grundlagenforschung bis hin zur medizinischen Forschung Berührungspunkte haben. Krebs und Alzheimer – das sind nur zwei plakative Beispiele von vielen Anwendungsgebieten, bei denen allein durch die Begrifflichkeiten klar wird, dass wir über die Funktionen von Proteinen mehr wissen müssen, um diese Erkrankungen zu verstehen. Die Grundfrage für uns Forscher liegt also darin, dass wir uns darüber Gedanken machen, wie die Gesamtheit der Proteine eigentlich beschaffen ist. Das weiß im Moment niemand. Auch die Anzahl von Proteinfamilien, also von Eiweißfamilien, und ob es dort Beschränkungen gibt, ist im Moment völlig unbekannt. Wir müssen also Proteine auf molekularer Basis miteinander vergleichen, analysieren, ob ein bestimmtes Protein, was wir vielleicht in der Maus verstanden haben, sich beim Menschen in einer solchen Krankheitssituation ebenfalls wiederfindet. Oder wie es sich unterscheidet.

(I): Klingt kompliziert. Wie kann man sich Ihre Forschung vorstellen?

(R): Wir bestehen in unserem Organismus aus den verschiedensten Eiweißen, die sich aus Genomen, unserem Erbgut, herausbilden. Sie machen uns eigentlich aus. Und diese gilt es schlichtweg zu vergleichen. Wenn Sie einen Biologen fragen, ob sie oder er schon mal Proteine verglichen hat, dann werden Sie sicher ein „Ja" bekommen. Und auf der ganzen Welt werden jeden Tag viele dieser Vergleiche durchgeführt, teils doppelt und dreifach. Das Problem: Sie brauchen für jede Versuchsreihe immens viel Prozessorleistung, immer wieder. Wir haben uns genau dieser Problematik verschrieben. Das Ergebnis war die SIMAP-Datenbank entwickelt. Damit sorgen wir dafür, dass Berechnungen, die bereits erfolgt sind, Proteine, die man bereits mit der Gesamtheit der anderen verglichen hat, dass diese aus dieser Datenbank abgerufen werden können. Wir stellen der gesamten, wissenschaftlichen Gemeinschaft also eine Datenquelle zur Verfügung, um effizient und ressourcensparend zu forschen.

(I): Woher nehmen Sie die Prozessorleistung?

(R): Es war uns von Anfang an klar, dass eine solche Datenbank, die vielen anderen Arbeitsgruppen die Berechnungen erspart oder Berechnungen selbst vornimmt, eine große Prozessorleistung brauchen würde. Die Kapazitäten der Server der Universitäten - damals an der TU München, wo wir SIMAP gestartet haben, und auch jetzt an der Universität Wien – sind begrenzt. Deshalb sind wir auf der Suche nach möglichst viel Prozessorleistung, von Computern die überall auf der Welt verteilt sind. Genau diese Möglichkeit hat BOINC (ein Projekt der Universität von Kalifornien in Berkeley) bereitgestellt. BOINC steht für Berkeley Open Infrastructure for Network Computing, eine offene Infrastruktur für das Rechnen in Netzwerken. Wenn Sie an diesem Netzwerk teilnehmen, das Notebook oder den PC am Arbeitsplatz laufen lassen, aber gerade nichts dran machen, dann könnte ohne zusätzlichen Stromverbrauch, ohne zusätzlichen Aufwand in dieser Zeit eine wissenschaftliche Berechnung stattfinden. Genau das macht BOINC möglich, indem es die brachliegende Prozessorleistung im Netzwerk nutzt. Eine wirklich interessante Verbindung zwischen Wissenschaft und Gesellschaft.

(I): Die nun mit Power Sleep auf ein neues Level gehoben wird?

(R): Exakt. Power Sleep funktioniert nach demselben Prinzip wie BOINC, nur mit zwei wesentlichen Unterschieden: Es ist eine App für Smartphone und Tablets statt einer Software für PCs und ist vor allem einfach in der Anwendung. BOINC hat sich in den letzten Jahren zu einem Projekt entwickelt, das eher für Spezialisten, man kann sagen für Computerfreaks interessant ist. Die breite Masse der Computernutzer nimmt BOINC kaum war. Mit Power Sleep und der Unterstützung von Samsung soll das anders werden. Power Sleep ist genau die Brücke, die es allen Anwendern erlauben soll, in einem solchen Netzwerk mitzuwirken, Teil eines solchen Projekts zu werden und dabei gleichzeitig praktisch im Schlaf Gutes zu tun.

(I): Wie kam es zu dieser Kooperation mit Samsung?

(R): Wir haben mit der BOINC-Community die Idee und Notwendigkeit gesehen, eine Anwendung für mobile Geräte zu entwickeln, da die heutige Prozessorleistung der Smartphones ja durchaus vergleichbar mit jener von PCs und Notebooks ist. Und auch von Samsung wurde die Idee verfolgt und weitergetrieben. Hier haben sich zwei Partner gefunden, die gemeinsam das gleiche Ziel haben – und darüber sind wir natürlich sehr froh.

(I): Wie funktioniert Power Sleep genau?

(R): Wer bei Power Sleep mitmacht und die App im heimischen WLAN startet, stellt uns wie bereits erwähnt die Prozessorleistung seines Smartphones oder Tablets zur Verfügung. Wir schicken dann von unseren Servern kleine Datenpakete an die mobilen Geräte, die dann von den mobilen Geräten durchgerechnet und an uns zurückgeschickt werden.

(I): Der Zugriff auf die Geräte löst sicher Sicherheitsbedenken bei den Nutzern aus.

(R): Wir brauchen den Zugang zu den Prozessoren. Das ist aber auch schon alles. Mit Power Sleep erfolgt kein Zugriff auf irgendwelche persönlichen Daten. Was zu uns zurückkommt, sind nur Zahlenwerte über Proteine, die sich aus den Berechnungen ergeben. Ein transparenter Prozess ist uns sehr wichtig. Wir planen in diesem Zuge den Sourcecode, also den Programmiercode der Applikation, freizugeben. Damit wird das, was auf dem Smartphone gerechnet wird, offen verfügbar und von den Nutzern einsehbar.
Wir nutzen außerdem die BOINC-Plattform seit mehr als einem Jahrzehnt, ohne jegliche Sicherheitsprobleme. Im Gegenteil: Es gab sogar einen Fall in einem anderen BOINC-Projekt, in dem ein gestohlenes Notebook wieder zum Benutzer zurückkam, weil der Austausch von Arbeitspaketen und Ergebnissen auf dem gestohlenen Notebook weiterhin stattfand, das Notebook somit lokalisiert werden konnte.

(I): Ist denn der Beitrag eines einzelnen Nutzers am Gesamten wirklich so groß?

(R): Absolut. Denn Nutzer können über ihr Smartphone nicht nur Prozessorleistung zur Verfügung stellen. Sie können darüber hinaus dieses Projekt weiter tragen. Darauf bauen wir. Power Sleep soll über die Community eine Dynamik entfalten. Power Sleep lebt von der Masse und davon, dass viele teilnehmen. Es gibt ja bereits über BOINC einen sehr aktiven Austausch mit der Gemeinschaft. Auch das soll in Power Sleep weitergeführt werden.

(I): Mit wie vielen Nutzern rechnen Sie?

(R): Das ist schwer zu sagen, denn Power Sleep ist ein Projekt, das Neuland betritt. Wir können sagen, dass wir bei BOINC im Moment etwa 60.000 teilnehmende Computer haben – und wir freuen uns über jeden neuen Rechner, ob PC oder Smartphone. Die Erwartungen lassen sich daher nicht in Zahlen messen. Für mich ist es ein Erfolg, wenn wir wissenschaftlichen Verbesserungen erreichen und die Power Sleep Gruppe innerhalb der Forschungsgemeinschaft sichtbar und lebendig wird.
Für uns als universitäre Einrichtung mit einem gewissen Bildungsauftrag ist es auch wichtig, dass in diesem Projekt der Nachhaltigkeitsgedanke gut vertreten ist. Wir wollen nicht, dass sich jemand zusätzliche Geräte kauft, um an diesem Projekt teilzunehmen. Es soll einfach eine Infrastruktur, die bereits existiert, für einen weiteren, guten Zweck nutzbar gemacht werden – um den Proteinen auf den Grund zugehen und so die Forschung gegen Krankheiten wie Krebs zu beschleunigen.